CROIX ROUGE FRANÇAISE

ASSOCIATION DES DAMES FRANÇAISES

Secours aux Militaires blessés en cas de guerre et aux Civils dans les calamités publiques

24, Boulevard des Capucines, 24

CONFÉRENCE

SUR LE

FONCTIONNEMENT D'UN HOPITAL AUXILIAIRE

Faite à l'Association des Dames Françaises

Par le Dr GRANJUX

MÉDECIN-MAJOR DE 1re CLASSE.

AMIENS

TYPOGRAPHIE DE DELATTRE-LENOEL

Imprimeur de l'Association

1889

CROIX ROUGE FRANÇAISE.

ASSOCIATION DES DAMES FRANÇAISES

Secours aux Militaires blessés en cas de guerre et aux Civils dans les calamités publiques

24, Boulevard des Capucines, 24

CONFÉRENCE

SUR LE

FONCTIONNEMENT D'UN HOPITAL AUXILIAIRE

Faite à l'Association des Dames Françaises

Par le Dr GRANJUX

MÉDECIN-MAJOR DE 1re CLASSE.

AMIENS

TYPOGRAPHIE DE DELATTRE-LENOEL

Imprimeur de l'Association

1889

CONFÉRENCE

SUR LE

FONCTIONNEMENT D'UN HOPITAL AUXILIAIRE

faite à l'Association des Dames Françaises

Par le Dr GRANJUX

MÉDECIN MAJOR DE PREMIÈRE CLASSE.

But. — En cas de guerre, le rôle du service de santé prend des proportions considérables. A la frontière il doit assurer le service médical des corps de troupe, le fonctionnement des ambulances, leur relève par les hôpitaux de campagnes, et organiser les évacuations; sur le territoire, en dehors du service des troupes et des places fortes, il doit répartir et hospitaliser des malades ou blessés évacués des armées sur l'intérieur du pays.

Le chiffre de ces militaires évacués sera tel, qu'on ne saurait les hospitaliser avec les seules ressources que fournissent les hôpitaux soit militaires soit civils, et que l'autorité militaire a dû prendre les mesures nécessaires pour assurer la constitution, en cas de guerre, et dans des points déterminés, d'hôpitaux improvisés, dénommés hôpitaux auxiliaires, en raison de l'aide qu'ils apporteront à l'exécution du service de santé.

On eût pu procéder à cette organisation par voie de réquisition, mais on a préféré, à juste titre, profiter du bienveillant concours offert par les sociétés de la Croix Rouge Française, et leur offrir un puissant débouché pour leur généreuse activité. C'est ainsi, si je m'en rapporte aux renseignements contenus dans le dernier numéro du Bulletin de votre Association, que vous êtes chargées de créer en cas de guerre un certain nombre d'hôpitaux auxiliaires, et c'est le fonctionnement de ces hôpitaux que je vais esquisser devant vous.

En acceptant de former des hôpitaux auxiliaires, vous vous êtes engagées par cela même à prendre, dès le temps de paix, les mesures nécessaires pour assurer le fonctionnement de ces hôpitaux le plus tôt possible après la déclaration de guerre. Cette préparation spéciale s'appelle la mobilisation. Elle est d'une importance capitale, car suivant qu'elle sera bien faite ou négligée, vos hôpitaux seront prêts ou ne le seront pas. Je crois donc devoir insister sur cette question fondamentale, et la mobilisation des hôpitaux auxiliaires formera la première partie de cette Conférence.

A. Mobilisation.

Les prévisions à faire doivent évidemment porter sur trois points principaux : 1° Déterminer les locaux qui seront transformés en hôpital et prévoir leur aménagement ; 2° Fixer les cadres du personnel à employer, se le procurer dès maintenant, et le préparer à sa mission ; 3° Prévoir le matériel et les fonds nécessaires ; — ce sont ces trois questions que nous allons passer successivement en revue.

I. LOCAUX. — 1° *Choix.* — Aux termes du décret de rattachement de votre Société, aucun hôpital auxiliaire ne peut être créé par vous, sans une entente préalable avec l'autorité militaire au sujet de l'importance à donner à l'établissement et au choix de son emplacement. Par conséquent la détermination des locaux ne pourra être faite qu'après entente entre l'autorité militaire et les délégués de votre Société.

Deux cas se présenteront, suivant que la Société trouvera ou ne trouvera pas les locaux dont elle a besoin. Dans le premier cas, il n'y a qu'à soumettre les propositions à l'autorité militaire, dans le deuxième, il y a lieu de lui demander de vouloir bien fournir elle-même les locaux nécessaires, ce que la réquisition rendra chose facile.

Quel que soit le mode employé pour choisir les locaux, il est indispensable que les personnes que vous désignerez pour traiter cette question, aient bien présentes à l'esprit les conditions générales auxquelles doit répondre un hôpital pour que les malades y soient bien et que le service y soit facile, conditions que vous me permettrez de résumer rapidement.

Pour que les malades soient bien, il faut que leurs chambres soient spacieuses, bien aérées, bien exposées, loin du bruit, et vous me permettrez de vous rappeler que le règlement sur le service de santé admet, comme limite inférieure au-dessous de laquelle on ne peut descendre, le chiffre de 40 m. c. par lit. Les chambres doivent être d'un accès facile pour permettre aux malades devenus des convalescents, d'aller prendre au jardin l'air et l'exercice dont ils ont tant besoin.

Pour que le service soit facile, il est indispensable que les différentes annexes, cuisine, dépense, pharmacie, salle de bains, buanderie, etc., soient installées dans des locaux répondant bien à leur but, tant comme aménagement que comme groupement par rapport à l'ensemble de l'hôpital.

En outre il est deux points qui doivent être l'objet d'une préoccupation toute spéciale, en raison du rôle considérable qu'ils jouent dans la genèse de la fièvre typhoïde ; nous voulons parler de l'eau et des latrines.

Si l'on applique ces quelques données au choix de locaux destinés à être transformés en hôpital auxiliaire, on voit que ces conditions ne seront facilement remplies que par un bâtiment suffisamment spacieux ; le sous-sol serait utilisé pour la cuisine, la dépense, la cave, le bûcher ; le rez-de-chaussée servirait, partie pour les bureaux, le réfectoire, la pharmacie, les bains, partie pour les malades, qui seraient en outre installés au premier et au deuxième étage ; les étages supérieurs serviraient au logement du personnel, à la lingerie, aux magasins, etc. La buanderie gagnerait à être isolée du corps de logis principal ; pour la salle des morts, c'est de rigueur.

Dans la pratique, les bâtiments, qui correspondent le mieux aux conditions que nous venons d'esquisser, sont les établissements d'instruction. Là tout est préparé d'avance ; en dehors des dortoirs, une partie des locaux scolaires peut être transformée en salles de malades ; les annexes sont aménagées d'avance, et les bonnes conditions hygiéniques de l'établissement sont affirmées par l'état sanitaire de sa population.

Dans les séminaires, dans les couvents on retrouve des conditions d'installation générale aussi bonnes que dans les maisons d'éducation, mais le nombre considérable de chambres à une personne qui remplacent les dortoirs, amènera souvent à modifier l'état des locaux.

Les châteaux, les hôtels, les maisons d'école sont aussi très facilement utilisables.

En dehors de ces bâtiments on ne peut guère recourir, pour l'organisation des hôpitaux auxiliaires, qu'aux établissements industriels ; on ne trouvera plus d'appartements tout agencés, mais en revanche on aura l'espace, de grands locaux bien aérés, pouvant être facilement transformés en salles de malade, des annexes nombreuses, l'eau, le gaz, un générateur de vapeur, etc.

2° *Devis des travaux.* — Quoi qu'il en soit, une fois le local définitivement choisi, il faut l'étudier complètement, arrêter dès maintenant les modifications qui seront nécessaires, en préparer le devis ainsi que les fonds nécessaires à l'exécution des travaux, de telle façon qu'on puisse se mettre à l'œuvre dès la déclaration de guerre, pour être prêt avant l'arrivée de la première évacuation.

Si, au lieu de prévoir dès le temps de paix la transformation des locaux, on attendait pour se livrer à cette étude que la guerre fût déclarée, il serait matériellement impossible d'être prêt en temps opportun, et la Société faillirait à la tâche qu'elle a librement acceptée.

Je n'ignore pas que certaines circonstances pourront rendre difficile cette étude préparatoire des locaux ; mais je pense que ces difficultés s'évanouiront lorsque l'on saura mettre en jeu le patriotisme des propriétaires des immeubles, tout en leur faisant comprendre qu'il est de leur intérêt de se prêter à ces études, qui permettront de chercher, d'un commun accord, à réduire au minimum les modifications qui pourraient être apportées aux établissements, ou au moins à choisir les moins désagréables pour le maître de céans.

II. Personnel. — 1° *Nombre.* — La fixation numérique du personnel à employer dans chaque hôpital est absolument du domaine de la Société, sous la réserve que ce chiffre soit au moins égal au minimum admis par le Service de santé en pareille occurence. Il y a donc, je crois, intérêt pour vous à connaître les dispositions du règlement sur le Service de santé relatives à ce sujet, dispositions que nous allons rapidement résumer.

Le point de départ est la *division* de malades ou *service*. Le nombre des malades composant une division n'a rien de fixe ; il est essentiellement variable suivant qu'il s'agit de fiévreux ou de blessés; mais il doit être tel que le médecin chargé d'une division puisse examiner lui même, tous les jours, tous ses malades. Ceci posé, à chaque division doivent correspondre un médecin traitant, un médecin aide-major, un infirmier-major, trois infirmiers de visite (panseurs). En plus, le service personnel des malades exige un infirmier d'exploitation pour trois officiers, ou cinq sous-officiers, ou huit soldats traités. En outre, on doit prévoir le personnel nécessaire pour les services annexes, dont l'évaluation ne se prête pas à une détermination générale, mais doit être fixé pour chaque cas particulier.

Le caractère de généralité de ces renseignements pourra, je crois, vous permettre de calculer, pour chaque hôpital, l'effectif nécessaire à son fonctionnement. Du reste, pour éviter toute difficulté sur ce point, il serait bon de faire connaître, dès le temps de paix, au Directeur du Service de santé, la fixation arrêtée par vous. Ce ne serait, d'ailleurs, que le prélude de l'exécution de cette disposition qui prescrit aux délégués régionaux d'adresser aux autorités militaires, au début et préalablement au fonctionnement du service, un contrôle nominatif du personnel employé sous leurs ordres.

2° *Qualités du personnel.* — Vous savez que cette mesure a pour but de constater que les médecins traitants sont pris parmi les docteurs en médecine, les médecins aides parmi les docteurs ou les officiers de santé, les pharmaciens parmi les pharmaciens diplômés, et que tout le personnel employé est français ou naturalisé français, et dégagé des obligations imposées par la loi de recrutement.

A première vue et à un examen superficiel, cette limitation des conditions dans lesquelles vous pouvez choisir votre personnel pourrait faire supposer que vous ne serez pas en mesure de remplir la grande et lourde tâche dont vous avez assumé la responsabilité. Mais ces appréhensions ne sauraient être partagées par ceux qui savent quel concours vous trouverez dans le patriotisme de nos concitoyens, déliés par leur âge des obligations militaires, dans le dévouement des médecins, et dans le zèle des infirmières habiles que vous avez déjà formées.

Parmi ces braves cœurs, vous trouverez sans aucun doute tout le personnel dont vous aurez besoin. Mais il serait bon de vous lier les uns aux autres, dès le temps de paix, par des engagements écrits, qui, pour ne pas avoir cours devant les tribunaux, n'en sont pas moins sacrés pour les honnêtes gens, seules personnes auxquelles vous désirez avoir à faire. Cette façon d'agir non seulement consacrerait des engagements réciproques, mais vous permettrait de donner à chacun de vos collaborateurs une sorte de lettre de service, lui indiquant sa fonction spéciale, et le mettant dans l'obligation morale de s'y préparer dès le temps de paix.

Vous pourriez aussi choisir dès maintenant, pour chaque hôpital, le directeur du service médical, les chirurgiens, les médecins, les pharmaciens, les administrateurs, les comptables, les infirmières, en un mot, tous les emplois spéciaux qui demandent une instruction technique.

III. Matériel. — Les principes de mobilisation, que nous venons d'établir pour le personnel, sont également applicables au matériel ; il faut en effet, dès le temps de paix, en déterminer la composition et prendre les mesures nécessaires pour assurer sa constitution dès la mobilisation.

1° *Fixation.* — Il nous semble que l'on peut se faire une bonne idée des quantités de matériel nécessaire pour chaque hôpital auxiliaire, en se reportant aux dispositions des conventions qui régissent le traitement des malades dans les hôpitaux mixtes. Le modèle type de ces conventions fait l'objet de la notice n° 21 annexée au règlement sur le service de santé à l'intérieur, et l'on y trouve les renseignements suivants :

a. l'*Ameublement* d'une salle de sous-officiers ou soldats doit comprendre :

1 paire de grands rideaux à chaque fenêtre ; 1 table pour le service journalier ; 1 tapis courant au milieu de la salle.

Poële en faïence suivant les besoins, s'il n'existe dans l'hôpital d'autres appareils de chauffage donnant, au point de vue des convenances hygiéniques et de la production de la chaleur, des résultats suffisants.

b. Le *Mobilier* doit se composer pour chaque malade de : 1 lit de fer ; 1 paillasse ou sommier élastique ; 1 matelas ; 1 traversin de plume ; 2 couvertures de laine ; 1 table de nuit ; 1 planchette pour le repas ; 1 planchette pour le billet de salle ; 1 oreiller suivant les besoins ; 1 descente de lit, plus les accessoires nécessaires aux divers besoins du malade, tels que crachoirs, chaises percées, etc., suivant les besoins.

Les ustensiles servant aux repas et les pots à tisane, vase de nuit, etc., seront en faïence pour les sous-officiers et soldats, et en porcelaine pour les officiers.

Quant à l'ameublement des salles d'officiers, il ne saurait être tracé de règles fixes, tout le monde se rendant compte du degré de confortable que doivent posséder ces locaux.

c. Les *Vêtements* nécessaires à chaque malade sont :

1 capote en drap beige ou d'autre nuance grise ou foncée.

1 pantalon id.

1 paire de pantoufles.

« Les capotes remises aux sous-officiers, caporaux ou brigadiers » doivent être munies d'un signe distinctif de grade.

» Les vêtements alloués aux officiers sont de même nature ; » mais ils doivent être distincts et ne servir qu'à leur usage ; les » vêtements sont en drap bleu foncé et de qualité supérieure à » celui employé pour les soldats. »

d. Lingerie. — Chaque malade a droit à 1 bonnet de coton ; 1 chemise ; 1 cravate ; 1 caleçon ; 1 paire de chaussettes de laine ; 1 mouchoir de poche ; 1 paire de drap de lit ; 1 serviette de toilette.

1 petit sac de lit ; 1 gilet de flanelle ; 1 chemise de flanelle ; 1 taie d'oreiller, suivant les besoins.

Les officiers ont droit au linge de table.

En outre, il faut majorer ces chiffres des quantités nécessaires pour les rechanges accidentels, que l'on ne saurait évaluer et pour les rechanges périodiques, qui, dans les hôpitaux militaires ont lieu tous les 10 jours pour les draps, tous les 8 jours pour les caleçons, tous les cinq jours pour le linge de corps.

Je ne vous parlerai, ni de l'installation des salles d'opération ou de la pharmacie, qui sont du domaine des chirurgiens ou pharmaciens de vos hôpitaux, ni de l'aménagement de ces services spéciaux, qui sont le triomphe de la femme. Je me bornerai à la rapide revue que nous venons de faire, et qui permet suffisamment de se rendre compte de la quantité considérable de mobilier, de vêtements, de lingerie, de matériel d'exploitation nécessaires au fonctionnement d'un hôpital auxiliaire, sans compter les médicaments, instruments et objets de pansement.

2° *Mode d'approvisionnement.* — Si l'autorité militaire vous demandait de procéder comme elle et de réunir dès le temps de paix toutes ces choses, vous auriez d'une part un immense capital immobilisé et, d'autre part, vous seriez dans la nécessité de posséder de nombreux magasins, de pratiquer fréquemment des manutentions coûteuses et de renouveler constamment un matériel qui s'userait sans servir. Ce seraient là des conditions fort onéreuses, qui, dans un temps plus ou moins rapproché, paralyseraient votre œuvre, car l'argent n'est pas seulement le nerf de la guerre, mais aussi celui des Sociétés charitables.

Heureusement pour vos finances, si les hôpitaux auxiliaires doivent être rapidement installés, ils ne doivent pas cependant fonctionner dès le début de la mobilisation, et par suite vous n'êtes pas obligées de réunir d'avance votre matériel, sous réserve bien entendu de l'avoir néanmoins sous la mains en recourant aux dispositifs, que nous allons étudier.

Les objets nécessaires pour le fonctionnement d'un hôpital, peuvent, malgré leur diversité, être classés en deux catégories :
1° Ceux qui sont d'un usage courant, faciles à se procurer partout;
2° Ceux qui sont spéciaux et ne se trouvent que dans des points déterminés.

Le premier groupe est de beaucoup le plus considérable ; il

comprend le mobilier, la literie, la lingerie, les appareils d'éclairage, de chauffage, de cuisine, la vaisselle, etc. Le deuxième groupe est constitué par les instruments de chirurgie.

Vous pouvez vous dispenser d'acheter dès maintenant les objets formant le premier groupe, si vous assurez leur fourniture, soit au moyen de marchés conditionnels passés avec des marchands de la localité, soit par des promesses écrites de cession ou de prêt faites par des personnes de la localité. Les marchés conditionnels doivent spécifier que les objets seront livrables le premier ou, à la rigueur, le deuxième jour de la mobilisation ; ils doivent être passés avec des marchands de la localité, car on ne saurait compter à ce moment, ni sur les transports par chemin de fer, les voies ferrées étant à la mobilisation absorbées par l'autorité militaire, ni sur les transports par voitures, la réquisition accaparant tant d'attelages et tant de véhicules.

C'est pour les mêmes raisons qu'on ne peut compter, en fait de promesses, que sur celles faites par des personnes habitant la localité. Bien que ces engagements écrits n'aient pas cours devant les tribunaux, ils n'en constituent pas moins des actes sérieux pour les personnes honnêtes, et ils seront tenus d'autant plus facilement qu'à chaque foyer il y aura des vides, et que l'on donnera en songeant que ce sacrifice profitera peut-être aux chers absents.

L'impossibilité de compter sur les ressources des localités éloignées permet de prévoir que les objets du deuxième groupe, c'est-à-dire les instruments de chirurgie, devront être possédés dès le temps de paix, sauf dans les villes où des fabricants d'instruments de chirurgie donneront toutes garanties pour la passation de marchés conditionnels sérieux. En réalité vos chirurgiens auront déjà presque tous un arsenal suffisant.

Dans notre division du matériel en deux groupes nous n'avons parlé ni des médicaments et objets de pharmacie, ni du matériel de pansement, parce que leur inscription dans l'une ou l'autre classe dépend exclusivement des ressources locales. Dans la plupart des cas, les pharmaciens de la localité pourront, au moyen de prélèvements effectués sur leurs ressources et approvisionnements, assurer le fonctionnement de la pharmacie de l'hôpital auxiliaire, au moins pendant la première partie de la guerre et jusqu'à ce que les communications aient repris leur cours normal. Dans de pareilles conditions, garanties par des marchés éventuels, il est inutile d'acheter à l'avance des médicaments qui se détérioreront fatalement dans un temps plus ou moins éloigné et constitueront pour la Société une perte sèche annuelle considérable. En revanche, et malgré la dépense qui en résultera, il sera indispensable de se procurer, dès le temps de paix, les médicaments et le matériel de pharmacie là où on ne saurait le trouver dans les ressources locales; ce sera un sacrifice coûteux mais indispensable pour le fonctionnement de l'hôpital.

Pour être efficace la chirurgie a besoin d'un matériel de pansement antiseptique; vous avez donc pour chaque hôpital auxiliaire l'obligation absolue de prévoir, dès le temps de paix, la constitution d'un matériel de pansement antiseptique, soit par marchés conditionnels passés sur place, soit par achats immédiats. Dans ce dernier cas, permettez-moi de signaler à votre attention la ouate de tourbe du médecin-major Redon, qui vient d'être adoptée par le Service de santé, et qui est le matériel par excellence des approvisionnements de réserve, grâce à son antiseptie naturelle, essentielle et par conséquent inaltérable. En dehors de cette supériorité sur tous les autres produits artificiellement antiseptisés, cette ouate a pour elle son bon marché. C'est avec ce mode de pansement, qu'il a adopté d'une façon exclusive, que M. le Dr Lucas Championnière a obtenu ces beaux succès chirurgicaux que chacun sait.

Lorsque toutes les mesures nécessaires auront été prises pour assurer la constitution du matériel, il sera bon, je crois, de les faire connaître au Directeur du Service de santé, de façon à éviter toute difficulté, tout retard qui pourrait surgir à ce sujet, au moment de l'ouverture de l'hôpital.

IV. Fonds. — Cette grosse question du matériel terminée, il ne restera plus qu'à constituer une réserve d'argent nécessaire pour assurer le fonctionnement de l'hôpital pendant un certain temps, car on ne saurait pour cela compter sur la part contributive de l'autorité militaire, qui n'est payable qu'à trimestre échu. En outre, au moment d'une mobilisation les affaires commerciales s'arrêteront, l'argent deviendra rare; si les dons en nature affluent, les secours pécuniaires seront peu abondants, et ce serait gravement compromettre le sort des hôpitaux auxiliaires que de lier leur fonctionnement aux résultats hasardeux d'un appel à la charité fait dans les conditions les plus critiques. Il est donc indispensable de former un fonds de réserve, que nous serions tentés d'appeler le trésor de guerre, si ce mot n'évoquait de trop cruels souvenirs.

Journal de mobilisation. — Si toutes les opérations que nous venons d'indiquer et qui pourraient être groupées dans un travail d'ensemble pour chaque hôpital en constituant un véritable *Journal de mobilisation*, sont bien conduites, vous pourrez attendre avec confiance les événements, sûres d'être prêtes à répondre à toute éventualité et trouvant déjà dans cette certitude la satisfaction si légitime que l'on éprouve à se sentir à la hauteur de sa tâche.

B. Fonctionnement de l'hôpital auxiliaire.

1° *Aménagement des locaux.* — Quand la déclaration de guerre aura lieu, si ce que nous avons appelé le journal de mobilisation a été approuvé par l'autorité militaire, l'autorisation de l'ouverture de l'établissement pourra être accordée de suite et sans nouvelle enquête. Dans ce cas il y aurait même avantage à ce que l'autorité militaire locale eût devers elle cette autorisation sur laquelle elle n'aurait qu'à inscrire la date.

En tout cas, dès que cette pièce sera entre les mains de l'administrateur de l'hôpital, il devra être mis en possession des locaux soit de gré à gré, soit par l'autorité militaire si les bâtiments sont fournis par voie de réquisition.

A partir de ce moment, et sans perdre de temps, cette personne devra réunir immédiatement son personnel et faire exécuter, dans le plus bref délai et conformément au devis, les aménagements prévus. Elle devra également faire procéder aux grandes mesures de propreté et de désinfection; si les murailles des chambres destinées aux malades sont peintes à l'huile, elles devront être lavées avec soin ; si elles sont peintes à la chaux, il y aura lieu de recommencer les badigeonnages ; si les parquets sont cirés, il conviendrait de les repasser à l'encaustique ; s'ils ne sont pas cirés, il y aura lieu, non pas de les laver, mais de les frotter avec des brosses métalliques et du sable fin humecté avec un liquide désinfectant. Les carreaux des fenêtres devront être nottoyés, les rideaux changés ou blanchis. Les combles, les sous-sol, les gouttières, les conduites d'eaux ménagères, les égoûts, la canalisation du gaz seront l'objet d'une inspection spéciale. Les latrines seront vidangées et désinfectées. Toutes les cheminées devront être ramonées.

2° *Installation du matériel.* — L'administrateur de l'hôpital aura également à veiller à ce que le matériel arrive dans les délais voulus, à ce qu'il soit réparti suivant les dispositions arrêtées ; il aura également à prendre les mesures nécessaires pour remédier aux retards, ou aux déficits qui pourraient se produire.

3° *Entrées.* — Cette œuvre considérable à peine terminée, les premiers malades arriveront. Ce seront peut-être des hommes appartenant à des troupes de passage, qui, dans ce cas, seront reçus directement sur l'ordre du commandement local ; mais le plus souvent les malades viendront par *évacuations collectives*. Exceptionnellement un malade pourra arriver par *évacuation individuelle.*

Les militaires appartenant à des troupes de passage se présenteront à l'hôpital avec un billet d'entrée (mod. n° 52) contenant tous les renseignements relatifs à la situation militaire et à l'état-civil de l'intéressé ; ils seront en outre porteurs d'une autorisation de l'autorité militaire locale ; ils seront accompagnés par un sous-officier.

Le militaire évacué isolément se présente seul à l'hôpital ; il est porteur d'une feuille de route et d'un *billet de sortie par évacuation*, qui doit lui servir de billet d'entrée à l'hôpital et sur lequel on mentionne (art. 307) :

1° L'ordre en vertu duquel il est évacué ;

2° Le motif de l'évacuation ;

3° L'hôpital sur lequel il est dirigé ;

4° Les époques de ses entrées dans les divers hôpitaux où il a été traité, ainsi que les dates de sortie de ces établissements ;

5° Les traitements déjà employés ; son état au moment de l'évacuation. Ce billet doit contenir, en outre, les indications relatives à l'état-civil et au signalement ; au verso il est fait mention des effets, bijoux et valeurs que le malade avait déposés à son entrée. Il est signé par le Sous-Intendant militaire.

Lorsque des malades seront dirigés par évacuation collective sur un hôpital auxiliaire, l'administrateur sera prévenu en temps opportun par l'autorité militaire, pour qu'il puisse prendre les mesures nécessaires pour la réception et l'installation des malades, et faire connaître aux médecins l'heure probable de l'arrivée des malades.

En principe, c'est à l'autorité militaire locale qu'incombe le soin de réunir à la gare des véhicules en quantité suffisante pour assurer le transport des blessés à l'hôpital (règlement des transports par chemins de fer, art. 164). Mais dans une localité où il n'y aurait pas d'officier du service des étapes, c'est à l'hôpital auxiliaire qui devrait aviser aux moyens de transport de ses malades.

Le médecin qui a dirigé l'évacuation remet une liste nominative des malades, contenant les renseignements nécessaires pour la continuation du traitement. L'officier d'administration remet à l'administrateur de l'hôpital, pour justifier de l'entrée des malades dans l'établissement, une expédition de la *feuille d'évacuation*, certifiée par le médecin-chef, visée par le sous-intendant et comprenant tous les renseignements que nous avons énoncés en parlant de l'évacuation individuelle. Il conserve entre ses mains l'autre expédition portant reçu.

L'administrateur de l'hôpital auxiliaire s'assure que les mutations des hommes manquant depuis le départ ont été indiquées sur la feuille d'évacuation qu'il adresse au sous-intendant ; il rend compte sur le champ au commandant d'armes et au directeur du service de santé. Le sous-intendant lui renvoie la feuille d'évacuation après l'avoir revêtue de son visa.

Quel que soit le mode d'entrée des malades, ils sont immédiatement inscrits par les soins du comptable, mais sous la responsabilité de l'administrateur de l'hôpital, sur le registre des entrées (mod. n° 4 du S. en C.), dont toutes les colonnes sont remplies exactement d'après les indications, soit du billet d'entrée, soit de la feuille d'évacuation et du livret individuel, dont un soldat ne doit jamais se séparer, et à défaut, d'après les renseignements donnés par le malade lui-même (art. 159 du S. en C.).

En même temps, il est établi pour chaque entrant un billet de salle (mod. n° 54 du S. à l'I.) sur le dos duquel on inscrit tous les objets dont le malade est porteur. Les bijoux, valeurs, etc., dont chaque entrant est possesseur, sont remis en dépôt à l'agent comptable, qui en donne un reçu particulier (mod. n° 55, S. de S. à l'I.), et en fait l'inscription sur le registre des entrées.

Bureau des entrées. — Ces opérations administratives sont obligatoires, mais doivent être menées aussi rapidement que possible. Dans les hôpitaux militaires, elles se font, si l'état des malades le permet, dans le *bureau des entrées ;* dans le cas contraire, les malades sont conduits directement à leurs lits, et l'on vient prendre dans la salle les renseignements dont on pourrait avoir besoin.

L'organisation du bureau des entrées dans nos hôpitaux militaires est très pratique, et m'a semblé digne de vous être indiquée. Ce bureau comprend une salle d'attente garnie de sièges à l'usage des entrants, d'un bureau pour le comptable et ses aides et d'un petit magasin d'effets et lingerie, permettant de délivrer à chaque malade, dès son entrée, un bonnet de coton, un mouchoir, une chemise, une cravate, une capote, un pantalon, une paire de bretelles, des chaussettes, une paire de pantoufles, et s'il y a lieu, un gilet de flanelle. Préalablement on lave les mains et les pieds des malades, si toutefois cette opération n'est pas jugée contraire à leur état par le médecin de garde.

L'infirmier chargé du vestiaire réunit alors dans le sac du malade, ou en un paquet, tous les effets qui lui appartiennent et y attache une étiquette-inventaire (mod. n° 58). Le linge sale est mis à part pour être blanchi avant d'être réuni aux autres effets. Les effets sont immédiatement placés dans un magasin *ad hoc*, sauf ceux des hommes atteints de maladies contagieuses, qui sont désinfectés avant d'être mis en magasin ; il en est de même de ceux des autres malades, lorsque le médecin le juge nécessaire.

Nous croyons que ces errements seront demandés aux hôpitaux auxiliaires, bien qu'ils ne figurent pas dans les articles 157 à 168, qui, dans le Règlement sur le Service de santé en campagne, traitent des hôpitaux auxiliaires. Mais il ne faut pas perdre de vue que ce règlement ne devait pas, sous peine de faire double emploi, répéter les dispositions déjà prévues par le Règlement du Service de santé à l'intérieur, et que tout ce qui concerne les hôpitaux mixtes s'applique également aux hôpitaux auxiliaires, qui ne sont en réalité que des variétés de ce type hospitalier. Du reste, les prescriptions que nous venons de voir ne seraient pas réglementaires que je vous engagerais à les adopter en raison des bons résultats qu'elles donnent.

Discipline intérieure. — Une fois admis à l'hôpital, les malades sont soumis au régime particulier de l'établissement. Toutefois, une consigne, approuvée par le Directeur du Service de santé, rappelle aux malades leurs devoirs vis-à-vis du personnel de l'hôpital. De plus, pour assurer l'ordre, la police et la discipline intérieure, le commandant militaire du ressort place dans les hôpitaux auxiliaires le personnel nécessaire, c'est-à-dire, soit un poste de police, soit un sous-officier de planton. Dans un cas comme dans l'autre, le sous-officier de garde à l'hôpital se conforme aux dispositions qui sont mentionnées dans sa consigne, ainsi qu'aux ordres qu'il reçoit pour le maintien de la police intérieure de l'établissement (art. 158, S. de S. en C.).

En outre de cette surveillance générale, il doit en être établie une autre toute spéciale par le Concierge, qui ne doit laisser sortir aucun malade s'il n'est muni de son billet de sortie ou d'une permission ; il est tenu aussi de s'assurer que les visiteurs sont dûment autorisés à entrer dans l'hôpital et qu'ils ne sont porteurs d'aucune substance prohibée. Ces prescriptions doivent être mentionnées dans une consigne, placée en évidence dans la loge du Concierge.

Le régime particulier de l'établissement doit se rapprocher autant que possible des règles fixées par le Règlement sur le service de santé à l'intérieur pour le régime alimentaire, les prescriptions, et le fonctionnement du service intérieur. L'administration de l'hôpital y trouvera du reste son avantage, car d'une part, les errements du service de santé ont été sanctionnés par l'expérience, et d'autre part les soldats trouvent naturelles des mesures auxquelles ils sont habitués et s'y soumettent facilement, tandis qu'ils comprennent souvent fort mal des choses nouvelles pour eux, qui peuvent devenir le point de départ de réclamations désagréables pour tout le monde.

Il y a donc intérêt, je crois, à vous résumer aussi rapidement que possible les points principaux du fonctionnement du service dans les hôpitaux militaires.

1° *Prescriptions.* — Les médecins seuls ont le droit d'ordonner les remèdes et le régime alimentaire.

Les visites sont faites par les médecins traitants en personne, et ont lieu 2 fois par jour.

Habituellement à la visite du matin les prescriptions sont faites pour les 24 heures.

La prescription du régime alimentaire est faite à haute voix, afin que chaque malade sache ce qui doit lui être donné en aliments.

Les prescriptions sont inscrites sous la dictée de chaque médecin traitant sur un cahier (mod. n° 60) sans autres abréviations, que celles indiquées au formulaire des hôpitaux militaires. Ce cahier est tenu séparément pour les jours pairs et les jours impairs ; il est signé par le médecin traitant, à la sortie de chaque malade et à la fin du mois.

Après la visite un infimier de visite établit le relevé (mod. n° 61) des médicaments prescrits, et le remet aux pharmaciens après qu'il a été certifié par le médecin traitant.

Un relevé analogue est établi dans les mêmes conditions pour les aliments (mod. n° 63) et remis au comptable.

Ce sont là en somme des dispositions qui s'imposent à tout hôpital bien tenu et ont pour but d'empêcher les méprises et erreurs.

2° *Distribution des médicaments.* — Les médicaments sont distribués aux heures fixées par les médecins traitants. Cette distribution est faite, le cahier à la main, par les infirmiers de visite, et sous la surveillance du médecin aide-major attaché à la division.

Le médecin traitant indique au malade, et à l'infirmier qui en a soin, la manière dont il faut prendre ces médicaments ; une étiquette indique leur dénomination et le numéro du lit du malade.

Ceux qui sont destinés à l'usage externe sont toujours renfermés dans des fioles en verrre coloré portant une étiquette jaune orangé.

Si le malade refuse de prendre le médicament ordonné, ou s'il survient quelque accident qui détermine le médecin de garde à en suspendre l'administration, il en est rendu compte au médecin traitant à la première visite.

Il semble difficile de ne pas approuver de pareilles précautions, qui sont dictées par la prudence la plus élémentaire.

3° *Pansements.* — Dans la pratique on ne laisse faire aux infirmiers de visite, qui sont cependant initiés à la petite chirurgie, que les pansements sans importance. Un chirurgien consciencieux doit faire par lui même, ou faire exécuter sous ses yeux, tout pansement important.

Tout ce qui a servi à un pansement est recueilli dans un panier par un infirmier de visite, et immédiatement emporté.

4° *Régime alimentaire.* — Il comprend les types suivants :

a. La diète absolue.

b. La diète de pain, qui comporte des bouillons, ou potages et et aliments légers.

c. Le régime maigre, c'est-à-dire sans prescription de viande ou de bouillon gras.

d. Le régime gras, qui se définit de lui-même.

e. Le régime mixte, c'est-à-dire soupe maigre et viande rôtie.

Les aliments sont de même espèce pour les officiers que pour les sous-officiers et soldats ; toutefois les sous-officiers et officiers reçoivent des suppléments.

Les prescriptions des aliments se font par portion ou multiple de portion.

Le régime ordinaire du soldat se compose au maximum, outre le pain et la soupe, de quatre portions portant sur un ou deux aliments.

La portion de pain est de 82 gr. 5 ; celle de viande de 35 gr. Les légumes ne se prescrivent pas à moins de 2 portions, soit 125 gr. La quantité de soupe est immuable et fixée à 0 litre 375.

Le vin et les autres boissons alimentaires sont prescrits séparément et indépendamment de tout autre aliment ; ils peuvent être donnés aux hommes à la diète absolue.

Ce sont là des renseignements, qui peuvent être utilisés dans les hôpitaux auxiliaires pour la détermination du régime alimentaire, détermination qui est laissée complètement à votre iniative, l'autorité militaire n'ayant à contrôler que deux points, la qualité de la nourriture et sa quantité suffisante.

5° *Distribution des aliments.* — La distribution des aliments est faite le matin à 10 heures, et le soir à 5 heures. L'ordre de ces distributions est réglé de manière que chaque division de malades, soit, à son tour, servie la première.

La distribution commence par le pain et le vin ; viennent ensuite les potages, le bouillon et la viande, et enfin les légumes et les aliments légers.

Les infirmiers de visite, s'assurent que les quantités d'aliments remis par la dépense sont conformes à celles portées sur les relevés particuliers ; ils en font la distribution, le cahier à la main, sous la surveillance des médecins aides-majors attachés aux divisions.

Le transport des aliments de la cuisine ou de la dépense dans les salles a lieu sous la surveillance des infirmiers-majors.

Le comptable prend les mesures nécessaires pour que les aliments arrivent aussi chauds que possible.

Ce sont là, en définitive, des mesures d'ordre que l'expérience a consacrées et qui sont bonnes à imiter.

6° *Désinfection des locaux et des effets.* — Lorsque l'effectif des malades et la situation des bâtiments ou locaux le permettent, les salles sont alternativement occupées et évacuées, afin qu'on puisse les désinfecter aussi complètement que possible.

Les objets de couchage et les effets d'hôpital ayant servi aux malades atteints d'affections contagieuses, aux sortants ou décédés sont également désinfectés, soit au moyen de l'acide sulfureux; soit au moyen d'étuves *ad hoc*.

Ces mesures seront certainement exigées par les Directeurs du Service de santé ainsi que les suivantes :

7° *Renouvellement de la paille de couchage.* — Lorsque, par exception, il est fait usage de paillasses, la paille de maïs qui les garnit doit être renouvelée toutes les fois que la nécessité en est reconnue.

8° *Propreté individuelle des malades.* — Elle doit être l'objet d'une attention toute particulière. Des moyens d'ablution sont mis à la disposition des malades et, autant que possible, placés dans des locaux spéciaux, à proximité des salles.

Les malades qui se font raser doivent l'être au moins deux fois par semaine. Les cheveux doivent être coupés tous les quinze jours.

Dans nos hôpitaux, les perruquiers sont fournis soit par les infirmiers, soit par les troupes de la garnison ; c'est une ressource sur laquelle ne pourront pas compter les hôpitaux auxiliaires, et ils devront prendre leurs dispositions en conséquence.

9° *Aération et chauffage des salles.* — L'air est renouvelé dans les salles de malades d'après les indications des médecins traitants, qui fixent également le degré de température à entretenir. Un thermomètre placé dans chaque salle permet de s'assurer que le chauffage est conduit conformément à ces prescriptions.

10° *Eclairage.* — Chaque salle doit être éclairée pendant la nuit. Des becs de gaz ou des lampes sont entretenues, soit pendant la nuit, soit pendant le jour, dans les chambres de garde, dans les passages, corridors, latrines et autres dépendances de l'hôpital, dans lesquelles ils sont reconnus nécessaires. Un réverbère placé intérieurement près de la porte d'entrée est entretenu la nuit pendant toute l'année.

11° *Ramonage.* — Pour prévenir toute cause d'incendie, les tuyaux des cheminées, des fourneaux et poëles en service sont nettoyés et ramonés tous les mois, ou plus souvent si la chose est nécessaire. Du reste un ensemble de précautions spéciales (organisation de pompiers parmi les infirmiers, etc.) est pris contre l'incendie. Il serait trop long de les résumer et nous ne pouvons qu'engager à se reporter à la notice n° 17 du règl[t] sur le S. de S. à l'intérieur.

En dehors de ces mesures d'ordre général, le fonctionnement des hôpitaux militaires impose au personnel des services spéciaux que nous allons passer rapidement en revue :

a. Médecin de garde. — Dans tout hôpital militaire, les médecins aides-majors assurent ou le service de garde, ou le service de jour, suivant les ressources du personnel. Le médecin de garde est tenu de rester pendant vingt-quatre heures à l'hôpital ; le médecin de jour ne doit pas s'éloigner de l'hôpital et doit faire connaître le lieu où on pourra le trouver de jour et de nuit.

Le service de médecin de garde semble difficile pour ne pas dire impossible à établir dans un hôpital auxiliaire, puisque les médecins de ces hôpitaux devront en même temps assurer le service de la population civile, qui sera privée du plus grand nombre de ses médecins ordinaires. Néanmoins on est en droit d'espérer que les médecins des hôpitaux auxiliaires voudront bien prendre les dispositions nécessaires pour assurer un service de jour, c'est-à-dire être en mesure de faire face aux différents incidents qui peuvent surgir dans un hôpital important. Du reste la responsabilité de la direction des hôpitaux auxiliaires se trouve liée à la bonne exécution de ce service et c'est un sûr garant que le nécessaire sera fait.

b. Officier d'administration de garde. — Un service analogue à celui du médecin de garde ou de jour est institué pour les officiers d'administration.

L'officier d'administration de garde reçoit les officiers de visite ou toute autre personne autorisée à visiter l'établissement; il les accompagne et prend note de leurs demandes.

Il fait des rondes fréquentes de jour et de nuit pour assurer le maintien de l'ordre dans l'établissement; il a la police spéciale des infirmiers.

Il semble que les hôpitaux auxiliaires ne rencontreront point, pour assurer ce service, les mêmes difficultés que pour celui des médecins de garde. Nos officiers d'administration peuvent être remplacés soit par des agents comptables, soit, mieux encore, par des membres de votre Société, investis de pouvoirs spéciaux.

Quel que soit le mode auquel vous aurez recours pour pourvoir à ces fonctions, il est hors de doute que l'autorité militaire vous demandera la présence, de jour et de nuit, à l'hôpital, d'une personne chargée de représenter la direction de l'hôpital et ayant les pouvoirs nécessaires pour prendre telles mesures que le com porteraient les circonstances.

c. Infirmier-major. — Nous avons dit que chaque division de malades ou de blessés comprenait un infirmier-major; il exige que les infirmiers placés sous ses ordres remplissent exactement leurs devoirs; il veille au bon ordre des salles, assure leur propreté, y fait maintenir la température déterminée par le médecin traitant et tient la main à ce qu'elles soient convenablement aérées. Il doit être présent à la visite, il assiste aux distributions; il fait de fréquentes tournées dans les salles afin de pourvoir sur le champ aux besoins des malades et faire connaître au médecin traitant le résultat de ses observations. Il remet chaque matin un rapport particulier sur le service de sa division.

Dans les hôpitaux où il n'y a pas de sœurs, l'infirmier-major d'une division est spécialement chargé de distribuer aux infirmiers sous ses ordres le linge de corps ou de lit destiné à renouveler celui des malades et de veiller à la remise exacte du linge sale; il a toujours à sa disposition un certain nombre de chemises et de draps de lit pour les rechanges accidentels qui seraient nécessaires; il est responsable de tout le matériel qui lui est confié.

Lorsque la chose est possible, on commande chaque jour un infirmier-major de garde qui ne doit pas s'absenter de l'hôpital; il commande et surveille les grandes corvées; il a la police des cours et promenoirs; il veille à leur propreté ainsi qu'à celle de toutes les parties extérieures de l'hôpital; il se rend à la salle de bains pour y surveiller le service et reçoit les réclamations des malades. Pendant la nuit il surveille tout le service, fait des rondes fréquentes dans les salles et s'assure que les infirmiers de garde sont à leur poste et éveillés.

Ce que nous venons de dire du rôle de l'infirmier-major en fait voir toute l'importance ; en réalité, ce modeste serviteur est la base sur laquelle repose tout le fonctionnement matériel ; autant vaut l'homme autant vaut le service. On ne saurait donc prendre trop de précaution pour assurer, dès le temps de paix, un bon recrutement de ce personnel de surveillance et d'exécution, qui est représenté dans les hôpitaux civils, soit par des religieuses, soit par des surveillantes. L'importance de ce rouage indispensable semble, du reste, avoir été bien comprise par toutes les Sociétés de la Croix-Rouge, qui s'occupent activement du recrutement et de l'instruction de ce personnel.

d. Ministres du culte. — La loi du 8 juillet 1880 prescrit que des aumôniers seront placés auprès des hôpitaux militaires pour le service du culte. En outre, dans toutes les places où il existe un hôpital militaire, un ministre de chacun des cultes non catholiques peut être désigné par l'autorité dont il relève pour visiter les militaires malades, ses corréligionnaires, et leur offrir les consolations de leur foi.

Les aumôniers et les ministres des cultes non catholiques sont choisis de préférence parmi ceux qui exercent dans la localité. La désignation de l'aumônier catholique appartient à l'autorité ecclésiastique. Les ministres du culte protestant réformé (calvinistes) et de la confession d'Augsbourg (luthériens) doivent produire une autorisation du Consistoire de leurs ressorts respectifs, visée par le président du Consistoire général. Les rabbins doivent présenter une autorisation visée par le président et le grand rabbin du Consistoire central.

Chaque ministre ne doit visiter que ses corréligionnaires, et en dehors des heures de la visite médicale.

Ce sont là des mesures basées sur le respect des religions et de la liberté de conscience, et dont l'exécution sera toujours exigée par l'autorité militaire ; on doit donc les considérer comme obligatoires. Nous ajouterons que les ministres des différents cultes, devant lesquels s'ouvriront les portes des hôpitaux auxiliaires, devront être français ou naturalisés français, comme tout le personnel employé par la Société.

Sorties. — Nous avons vu les formalités qui présidaient à la réception des malades, le fonctionnement général du service ; il convient maintenant d'examiner dans quelles conditions les malades quittent l'hôpital. Les malades, dont la guérison est achevée ou dont le séjour dans l'établissement n'est plus motivé, seront désignés chaque jour par les médecins traitants pour sortir le lendemain. L'autorité militaire locale devra recevoir, chaque jour, l'état nominatif des hommes dont la sortie est prescrite pour le lendemain.

Le billet de salle est complété, remis au malade et lui sert de billet de sortie. La mention de la sortie est portée sur le registre des entrées. Le sortant donne, sur ce même registre, décharge des dépôts et valeurs qui lui sont restitués.

A l'autorité militaire incombe le soin de diriger l'homme sur la destination opportune.

Décès. — Lorsqu'un décès a lieu, le corps ne doit être porté dans la salle des morts que lorsque le médecin de garde a constaté le décès. Sur le billet de salle, le médecin traitant certifie le décès, sa date, et indique la maladie qui l'a occasionné.

Le comptable donne, sans délais, avis du décès à la famille. Cet avis est adressé, par le télégraphe, au maire de la commune où sont domiciliés les parents du militaire décédé ; il est conforme au modèle n° 77.

Le comptable adresse, dans les vingt-quatre heures, à l'officier de l'état-civil du lieu, une déclaration (mod. n° 78) dont toutes les indications sont remplies conformément à l'instruction ministérielle du 8 mars 1823. La date de l'entrée à l'hôpital et celle du décès y sont inscrites en toutes lettres. Cette déclaration, sur laquelle on doit mentionner le numéro matricule du décédé et la désignation de la maladie ou de la blessure qui a occasionné la mort, est certifiée par le médecin traitant et le comptable. Si le décédé est mort de blessures reçues sur le champ de bataille ou dans un service commandé, il en est fait mention spéciale sur la déclaration.

L'officier de l'état-civil constate le décès conformément à la loi.

Aussitôt après la déclaration faite à l'officier de l'état-civil, le comptable de l'hôpital inscrit le décès sur le registre *ad hoc* (mod. 79). Ce registre doit contenir les mêmes détails que ceux portés dans la déclaration de décès, et recevoir, de la part du médecin traitant, une annotation signée, désignant la maladie ou la blessure qui a occasionné la mort ; l'annotation est formulée dans les mêmes termes que sur la déclaration de décès.

Immédiatement après l'inscription du décès sur le registre des décès, il est établi, par le comptable, deux extraits (mod. n° 80) dudit registre, lesquels, après avoir été vérifiés, sont adressés : le premier, sans aucun retard, au maire du dernier domicile du décédé, avec un extrait de tous les objets compris dans la succession. (Si le militaire décédé est né hors de France, ou s'il a sa famille à l'étranger, cet extrait est adressé au Ministre de la Guerre, direction du Service de santé). Le second, mensuellement au Directeur du Service de santé.

Le décès est mentionné par le médecin traitant dans la colonne d'observations du registre des entrées.

Ces prescriptions sont de rigueur ; on ne saurait s'en écarter.

Inhumations. — Elles sont faites aux frais de l'hôpital, et conformément aux prescriptions de la notice n° 12, dont voici les points principaux :

Il est fourni, pour chaque décédé, une bière et un suaire.

Le malade décédé est porté à la chapelle funéraire, où les prières prescrites par le rituel sont récitées par l'aumônier. La croix et l'eau bénite sont placées près du cercueil ainsi que les chandeliers.

Il est dit une messe toutes les fois que la chose est possible ; en tous cas l'office des morts doit toujours être dit.

Pour un soldat ou brigadier, 2 cierges sont allumés à l'autel et 4 auprès du corps.

Pour les sous-officiers, 4 cierges sont allumés à l'autel et 6 auprès du corps.

Pour un officier subalterne, 6 cierges sont allumés à l'autel et 10 auprès du corps.

Pour un officier supérieur, 8 cierges sont allumés à l'autel et 12 auprès du corps.

Pour les officiers, il doit y avoir un devant d'autel noir.

Dans les villes desservies par l'administration des pompes funèbres, on adopte pour le transport des corps au cimetière la 9e classe pour les hommes de troupe, la 7e pour les officiers subalternes, la 6e pour les officiers supérieurs.

Dans les localités non desservies par une administration des pompes funèbres, on se conformera aux usages locaux, en se rapprochant des 3 classes désignées.

Lorsque les familles le désirent, il leur est laissé toute latitude pour s'entendre avec les pompes funèbres.

L'emplacement de la sépulture d'un militaire est indiqué au moyen d'une croix de bois peinte avec inscription du nom, de l'âge, du grade du décédé, et du corps auquel il appartenait.

Successions. — Lorsqu'un malade exprime la volonté de faire des dispositions testamentaires, le comptable est tenu de lui procurer les moyens d'établir d'une manière régulière les actes spécifiés au chapitre II, titre II, livre III du Code civil.

Le comptable est constitué dépositaire des effets, papiers, valeurs, laissés par les décédés et qui n'appartiennent pas à l'Etat.

Il en doit compte aux héritiers. Quant à la destination à donner aux effets appartenant à l'Etat, l'autorité militaire fournira les instructions nécessaires.

Le comptable tient un carnet (mod. n° 110) sur lequel sont inventoriés, au moment de la mort, l'argent et les menus objets dont les décédés seraient personnellement porteurs, et qui n'auraient pas été l'objet d'un dépôt antérieur.

Il est procédé à ces inventaires par l'infirmier-major de la salle, en présence de l'officier d'administration ou de l'infirmier-major de garde et du sous-officier de planton. L'inventaire, signé par les personnes ci-dessus désignées, est vérifié par le comptable.

Tous les objets et valeurs formant la succession sont inscrits sur un registre (mod. n° 111) relatant l'emploi qui en a été fait, et dont le détail doit coïncider avec toutes les inscriptions faites au nom du décédé, soit sur le registre des effets déposés, soit sur celui des dépôts, soit sur le carnet des inventaires.

S'il a été trouvé un testament, le comptable en fait la remise au président du Tribunal civil.

Il est fait mention au registre désigné ci-dessus de la date à laquelle cet acte a été déposé au greffe du tribunal, ainsi que du nom et de la demeure du notaire auquel le président du tribunal a renvoyé le dit testament.

Pour les successions dont l'actif est de 50 fr. et au-dessous, le comptable fait parvenir aux héritiers, avec l'extrait du registre des décès et l'inventaire de la succession, un certificat (mod. n° 113). Ce certificat, rempli par le maire de la commune où le militaire décédé avait son domicile, doit être produit par les héritiers comme justification de leurs droits.

Pour les successions dont l'actif dépasse 50 fr., le comptable adresse aux héritiers une note (mod. n° 114) afin de les guider dans les productions de titres et dans les justifications qu'ils ont à faire.

Les remises à effectuer aux héritiers ou à leurs fondés de pouvoir de tous les objets, papiers ou valeurs appartenant aux successions, ont lieu sur la présentation de certificat d'héridité, délivrés par qui de droit.

Ces remises sont justifiées par les récépissés des parties prenantes inscrits au bas de l'état (mod. n° 114).

Lorsque les héritiers ou les fondés de pouvoir en expriment le désir, les brevets, lettres de service ou autres papiers dont la possession intéresse les familles, sont envoyés par lettre chargée. Les valeurs en numéraire ou en papiers, les bijoux, les insignes d'ordres et enfin tous les autres objets ou effets, réclamés par les héritiers, sont envoyés à ces derniers par les moyens qu'ils indiquent et à leurs frais.

Les mandats ou bons de poste non touchés sont remis par le comptable au receveur des postes, qui en délivre un récépissé. Ce récépissé est transmis à la famille avec les papiers du décédé. Le comptable justifie, à la fin de l'année ou de sa gestion, de la destination donnée aux effets provenant des malades décédés, au moyen d'un compte particulier (mod. n° 37) à l'appui duquel il produit les pièces justificatives ci-dessus énoncées. Il l'établit en double expédition, et l'adresse au Sous-Intendant dans le délai de 30 jours. Ces pièces justificatives sont ultérieurement renvoyées au comptable pour être déposées dans les archives de l'établissement.

Ce sont là des mesures de garantie absolument obligatoires.

Comptabilité. — Tout hôpital auxiliaire a des registres à tenir et des pièces comptables à fournir.

Registres. — Nous connaissons déjà une partie de ces registres, puisque nous avons parlé des registres des entrées, des effets déposés par les entrants, des dépôts, des effets ou objets des décédés, des décès, et du carnet inventaire des décédés. En outre, il semble, par analogie avec les hôpitaux mixtes, que les hôpitaux auxiliaires doivent tenir le registre de l'effectif des malades (mod. n° 122), qui fait ressortir numériquement, pour chaque jour, le mouvement des malades et le nombre des journées de traitement ; les mutations journalières y sont relatées à leurs dates. Les mouvements et les nombres de journées sont totalisés chaque mois, et les totaux mensuels sont récapitulés en fin de trimestre.

De même, il paraît devoir être établi dans chaque hôpital des contrôles nominatifs trimestriels (mod. n° 124) tenus distinctement :

1° Par corps, pour les militaires des corps de troupe ;

2° Par région de corps d'armée et par classe, pour les militaires sans troupe ;

3° Par ministère et administration, pour les individus étrangers au département de la guerre ;

4° Par puissance pour les étrangers.

Ces contrôles relatent nominativement tous les malades présents à l'hôpital au premier jour du trimestre et ceux qui y sont entrés pendant les trois mois, avec l'indication des mutations; ils sont tenus à jour et totalisés par mois et par trimestre.

En fin de trimestre ils sont signés par le comptable, visés par le directeur de l'hôpital et le sous-intendant; puis réunis en volume et conservés dans les archives de l'établissement.

Au premier jour de chaque trimestre, le comptable établit une expédition des dits contrôles comprenant les malades restants à l'hôpital, et l'adresse au sous-intendant militaire qui tient ensuite ces contrôles à jour au moyen des états de mutation (mod. n° 125) que le comptable lui fait parvenir, même lorsqu'ils sont négatifs, tous les jours si l'hôpital est dans le lieu de sa résidence, tous les cinq jours dans le cas contraire.

Il est tenu dans chaque hôpital un registre de visite (mod. n° 71) sur lequel l'officier de visite inscrit ses observations.

Il est également tenu un registre spécial (mod. n° 48) où sont inscrits les militaires non catholiques. Les indications relatives à chaque militaire sont immédiatement rayées au moment de sa sortie, de manière que le registre ne présente jamais que les noms des malades présents.

Etats et situations. — Les situations à fournir sont:

1° La situation journalière adressée au commandant d'armes et au directeur du service de santé.

2° Le 1er de chaque mois la situation (mod. n° 42), faisant ressortir le nombre des malades ainsi que des journées de traitement; elle est adressée au directeur du service de santé.

3° Mensuellement l'extrait du registre des entrées.

4° Les contrôles nominatifs trimestriels dont nous avons déjà parlé.

5° Les états et mutations à fournir également à l'intendance et que nous avons déja cités.

6° L'état des militaires traités depuis plus de trois mois, adressé au directeur du service de santé.

7° Les états nominatifs des militaires en traitement qui sont proposés pour des congés de convalescence ou de réforme.

8° Les pièces à produire pour la mise en route ou l'évacuation des sortants ou évacués.

Les imprimés et registres ci-dessus désignés sont fournis gratuitement par le service de l'intendance aux délégués régionaux qui demeurent chargés d'en faire la répartition.

Décompte des frais de traitement. — Le décompte des frais de traitement se fait au moyen d'une facture établie en double expédition, dont une timbrée (mod. n° 26) des journées de traitement dans les établissements de la Société. Cette facture établie par le délégué régional, décomptée d'après les bases fixées par le décret de rattachement, est appuyée pour chaque établissement des extraits mensuels du registre des entrées. Cet extrait est établi par l'employé comptable, certifié véritable par le Comité local et vérifié par le sous-intendant militaire.

Les factures trimestrielles sont adressées au directeur du service de l'intendance du corps d'armée, qui en ordonnance le montant au nom du délégué régional dûment autorisé à cet effet par le Conseil supérieur.

Dans ce rapide résumé du fonctionnement d'un hôpital auxiliaire, nous n'avons pu mettre en relief que les points principaux ; mais l'on pourra trouver tous les détails complémentaires dans le Règlement sur le service de santé à l'intérieur et en campagne, dont la connaissance s'impose à toute personne appelée à prendre une part active au fonctionnement du service de santé. Nous avons tenu à indiquer surtout dans quel sens devait être orientée la direction des hôpitaux auxiliaires; nous avons insisté sur la mobilisation de ces hôpitaux, car c'est là toute la question. Si votre mobilisation est bien étudiée, bien préparée, vous serez prêtes à faire face à toute éventualité, et je serais heureux si je pouvais être pour quelque chose dans ce succès.

www.ingramcontent.com/pod-product-compliance
Ingram Content Group UK Ltd.
Pitfield, Milton Keynes, MK11 3LW, UK
UKHW032013260826
14628UKWH00005B/2463

9 782011 776396